Couverture inférieure manquante

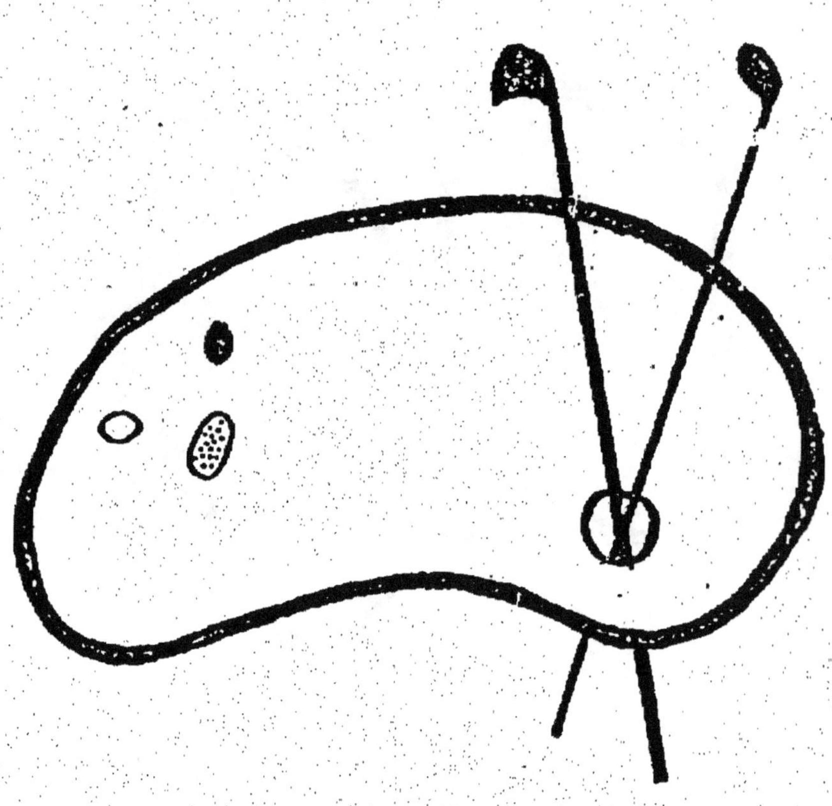

DEBUT D'UNE SERIE DE DOCUMENTS
EN COULEUR

LES VITRAUX

DE

NOTRE-DAME

DE DIJON

Avec deux Planches lithographiques hors texte

PAR

L'ABBÉ JULES THOMAS

CHANOINE HONORAIRE, DOCTEUR EN THÉOLOGIE
CURÉ DOYEN DE NOTRE-DAME.

—⁓✕⁓—

DIJON

IMPRIMERIE JOBARD
Place Darcy, 9.
—
1898

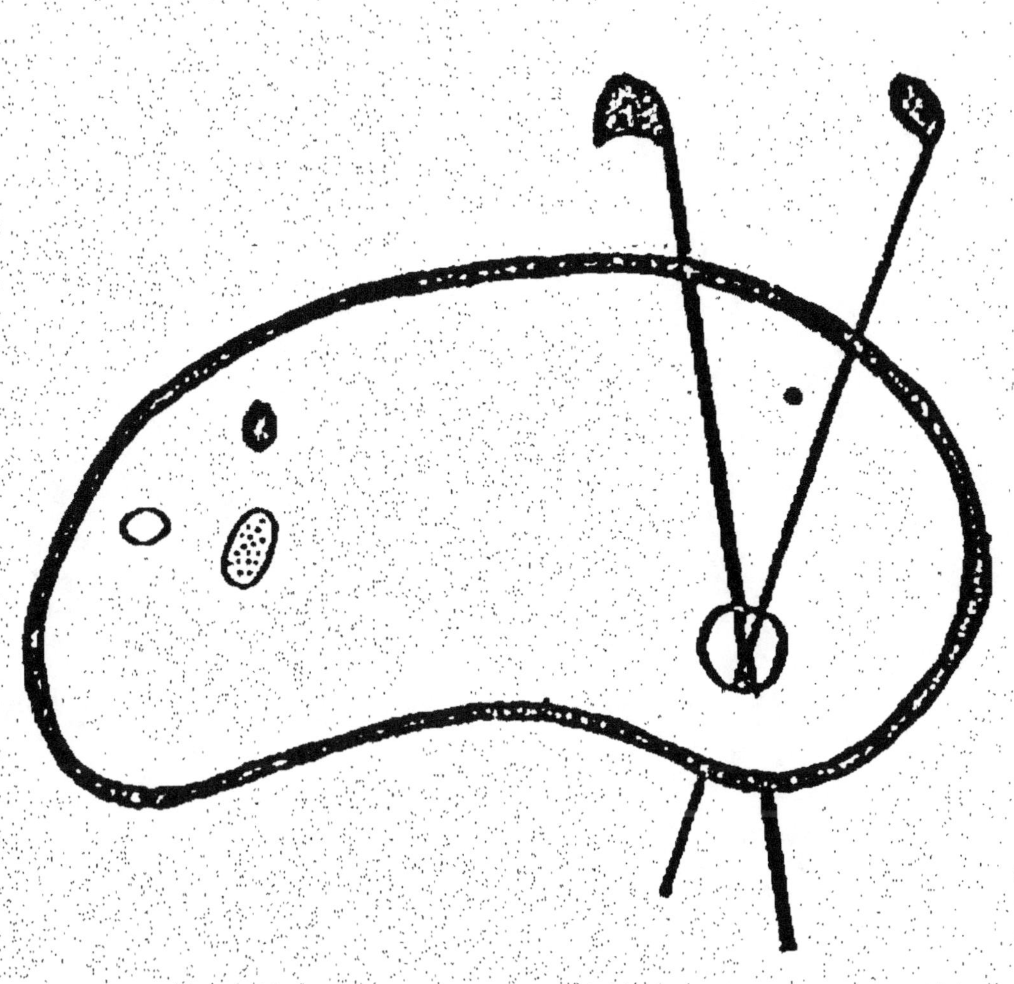

FIN D'UNE SERIE DE DOCUMENTS
EN COULEUR

LES VITRAUX

DE

NOTRE-DAME DE DIJON

LES VITRAUX

DE

NOTRE-DAME

DE DIJON

Avec deux Planches lithographiques hors texte

PAR

L'ABBÉ JULES THOMAS

CHANOINE HONORAIRE, DOCTEUR EN THÉOLOGIE
CURÉ DOYEN DE NOTRE-DAME.

DIJON

IMPRIMERIE JOBARD
Place Darcy, 9.

1898

LES VITRAUX

DE

NOTRE-DAME DE DIJON

Les vitraux de Notre-Dame de Dijon, si l'on excepte ceux des chapelles des Fonts et de l'Assomption, sont tous en style du treizième siècle. Les cinq verrières du croisillon nord remontent à cette époque ; elles ont été restaurées en 1874 par M. Edouard Didron, peintre verrier, à Paris. Tous les vitraux gothiques sortent des ateliers de cet éminent artiste. Il les a composés et colorés lui-même. Ce travail s'est fait dans l'espace de vingt-trois ans, de 1874 à 1897.

Si les verrières de Notre-Dame sont, pour ainsi dire, d'une inspiration unique, elles n'en affectent pas moins quatre formes différentes. On y remarque en effet deux roses, de chaque côté du transept ; des vitraux à médaillons avec sujets historiques ou légendaires, dans tout le périmètre de l'étage inférieur ; deux verrières en grisaille, afin de ménager la lumière, devant les absidioles ; enfin des vitraux et des *oculi*, à personnages isolés, à l'étage supérieur du transept et du chœur. Tous ces vitraux, à l'exception des deux grisailles, sont en pleine coloration.

Le peintre a pris pour modèle les anciennes verrières de nos cathédrales françaises et spécialement celles de Notre-Dame de Chartres. Il en a retrouvé l'inspiration et le coloris. Son œuvre à Notre-Dame de Dijon passe aujourd'hui pour la plus belle qui soit en France, comme imitation de l'antique et comme unité de composition.

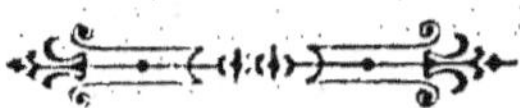

Les personnages et les scènes que présentent ces verrières comprennent, d'une part, l'histoire de Notre-Dame dans ses rapports avec celle de la Bourgogne et celle de la France, et de l'autre, les divers enseignements de notre foi chrétienne. On suit, dans les nefs latérales, le développement progressif de nos annales ; on voit les manifestations successives du culte ; on passe en revue les grands ordres religieux qui se sont établis dans la paroisse. Les vitraux des absidioles mettent en relief les différentes dévotions que cette église a nourries et nourrit encore. Les roses élèvent l'âme à des contemplations sublimes, la création et la fin du monde. Le Rédempteur, dont l'œuvre unit le temps à l'éternité, apparaît dans les vitraux du chœur, au milieu du cortège évangélique des saints et des saintes qui l'ont servi et aimé. Les institutions sacramentelles qui universalisent et perpétuent son œuvre, ont toutes leurs représentations détaillées. Enfin, les vertus chrétiennes, qui sont comme la couronne de la rédemption divine, paraissent avec leurs noms, leurs attributs et leurs applications pratiques.

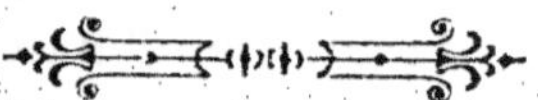

Nous proposons trois stations au visiteur : les nefs latérales, le transept et le chœur. En quittant l'église, il entrera, s'il le désire, dans la chapelle de l'Assomption.

I.

LES NEFS LATÉRALES

Les deux nefs latérales sont principalement consacrées aux saints, aux saintes et aux souvenirs religieux du diocèse et de Dijon. Les vitraux se placent dans l'ordre historique, en commençant par les premiers temps. Ceux de la nef latérale nord sont plus exclusivement réservés aux saints, et ceux de la nef latérale sud font une large place aux saintes de la Bourgogne et de la ville.

NEF LATÉRALE NORD

(A gauche, en entrant par le portail.)

Les vitraux de la nef latérale gauche nous montrent nos premiers apôtres, nos anciens évêques, les fondateurs de la paroisse de Notre-Dame et de nos monastères mérovingiens, quelques-uns de nos rois et le plus illustre des enfants de notre pays, saint Bernard.

1er VITRAIL

Les premiers Apôtres et les premiers Rois de Bourgogne.

Les médaillons, sauf avis contraire, se lisent de bas en haut.

1er *médaillon*. — Saint Jean, un des patrons secondaires de l'église de Notre-Dame, instruit saint Polycarpe, évêque de Smyrne. Inscriptions: *S^s Polycarpus, S^s Johannes.*

2e *médaillon*. — Saint Polycarpe, évêque de Smyrne, envoie saint Bénigne et ses compagnons, saint Andoche et saint Thyrse, évangéliser les Gaules. Saint Bénigne tient un phylactère sur lequel on lit : *Æd. Ling. Helv.* Les Eduens, les Lingons et les Helviens (anciens habitants du Vivarais) : noms des trois peuples évangélisés par les missionnaires. Inscriptions : *S^s Benignus, S^s Polycarpus.*

3e *médaillon*. — Saint André, autre patron secondaire de Notre-Dame, évangélise les ancêtres des

Bourguignons dans les contrées slaves. Inscription : *Sanctus Andreas.*

4e *médaillon.* — Saint Gontran et saint Sigismond, rois de Bourgogne, sont entourés de leurs guerriers qui tiennent des étendards timbrés de la croix de saint André. Inscriptions : *S^s Guntramnus, S^s Sigismundus.*

Au bas du vitrail, inscription : Offert par le catéchisme de persévérance (de Notre-Dame).

Écusson : Une jeune fille écoute le prédicateur, au catéchisme de persévérance.

2e VITRAIL

Les premiers Évêques de nos églises.

1er *médaillon.* — Saint Didier, évêque, ayant près de lui saint Valère, diacre, fait des représentations au roi Chrocus, au sujet de l'invasion des barbares. Derrière l'évêque, le petit oratoire qu'il a fait élever à la sainte Vierge, à Châtillon-sur-Seine. Inscriptions : *S^s Valerius, S^s Desiderius.*

2e *médaillon.* — Saint Urbain, évêque, fait construire à Dijon trois églises : Saint-Vincent, Saint-Étienne et Saint-Jean. L'architecte montre les plans à l'évêque. Inscriptions des trois églises : *S. Vincentius, S. Stephanus, S. Joannes,* et du saint : *Sanctus Urbanus.*

3e *médaillon.* — Saint Aproncule, évêque, vient de descendre du haut des remparts dans un panier ; il s'enfuit. Gondebaud, roi de Bourgogne, montre sa fureur de voir l'évêque lui échapper : Inscriptions : *S* Aprunculus, Gundebaldus rex.*

4e médaillon. — Saint Grégoire, évêque, est devant le tombeau de saint Bénigne. Il a près de lui saint Tétric, déjà prêtre, et d'autres personnages. Inscriptions : *Sanctus Tetricus, Sanctus Gregorius.*

Au bas du vitrail, inscription des donatrices, Mesdemoiselles Madeleine et Geneviève Ibled : *In mem (oriam) primæ Communionis.* Souvenir de la première Communion.

Ecusson : En chef, les initiales des deux jeunes filles et leur nom de famille en lettres entrelacées. Entre ces initiales, en pointe : les deux jeunes premières communiantes.

3e VITRAIL.

Les premiers Moines du diocèse de Dijon.

1er médaillon. — Les premiers clercs de l'Église de Saint-Étienne entourent leur sanctuaire, qui devient plus tard l'église-mère de Notre-Dame, de Saint-Nicolas, de Saint-Michel et de Saint-Pierre. Invocation : *Sancte Stephane,* c'est-à-dire : Saint Étienne, nous sommes sous votre patronage.

2e médaillon. — Saint Jean, le futur abbé de Réome, fait ses adieux à sainte Quieta, sa mère, et à saint Hilaire, son père. Les gens de la maison assistent à ces adieux. Inscription : *Sanctus Joannes Reomaensis.*

3e médaillon. — Saint Eustade, fondateur de l'abbaye de Saint-Bénigne, explique la règle de saint Macaire à ses religieux revêtus de leur costume bleu. Inscription : *S. Eustadius*.

4e médaillon. — Saint Seine, de Mémont, élève, en l'honneur de la sainte Vierge, un oratoire, à Sestre, dans la forêt qui faisait partie du domaine de son père ; c'est l'origine du célèbre monastère de Saint-Seine-l'Abbaye. Inscription : *Sanctus Sequanus*.

Écusson des donateurs : La famille Le Gouz de Saint-Seine.

4e VITRAIL

Dans la chapelle des Fonts.

Au milieu d'une fenêtre en verre blanc, un panneau en grisaille, sur fond coloré, du commencement du seizième siècle, représente Notre-Seigneur Jésus-Christ crucifié. A sa droite, la sainte Vierge éplorée ; à sa gauche, fragments de plusieurs pièces étrangères au vitrail, dans lesquelles on distingue une tête de femme rapportée et un bras de saint Jean.

5e VITRAIL

Saint Louis, roi de France.

1er médaillon. — Saint Louis, revêtu de son armure de chevalier et ceint de sa couronne, fond sur les ennemis de la France, à la bataille de Taillebourg. Les chevaliers le suivent.

2ᵉ *médaillon*. — Saint Louis, assis et entouré de ses gardes, rend la justice sous le chêne de Vincennes. En face de lui, des justiciables l'implorent.

3ᵉ *médaillon*. — Saint Louis, à la tête des croisés, s'empare de Damiette. Les chevaliers l'accompagnent. Les Sarrasins tirent sur eux.

4ᵉ *médaillon*. — Saint Louis meurt sous les murs de Tunis. Un religieux l'exhorte ; un page pleure le bon roi. En haut, Notre-Seigneur contemple cette scène.

Écussons du donateur et de la donatrice : M. Louis de Bast et Mᵐᵉ Louis de Bast, née de Villiers.

6ᵉ VITRAIL

Saint Bernard, abbé de Clairvaux.

1ᵉʳ *médaillon*. — Départ de saint Bernard pour Citeaux. Il fait ses adieux à Tescelin le Roux, son père, et à la B. Aleth, sa mère. Sur la pelouse du château de Fontaines, saint Nivard, son plus jeune frère, parle à un autre de ses frères.

2ᵉ *médaillon*. — Saint Bernard désigne le vrai pape au Concile d'Etampes, en 1130. Le roi de France, Louis le Gros, et les évêques sont autour de lui.

3ᵉ *médaillon*. — Saint Bernard prêche la croisade à Vézelay ; il distribue la croix au roi, à la reine, aux chevaliers et à la foule.

4ᵉ *médaillon*. — Saint Bernard meurt à Clairvaux au milieu des religieux de son ordre.

Ecusson des donateurs avec leurs initiales entrelacées : M. et Mme Henri Joliet, et la devise : *Plus penser que dire.*

NEF LATÉRALE SUD

(A droite, en entrant par le portail.)

On suit, dans la nef latérale droite, une progression parallèle. Saluons d'abord les premières saintes de la ville et de la contrée. Sainte Reine, la plus illustre d'entre elles, occupe tout un vitrail. Nous rencontrons ensuite, dans l'ordre des temps, les souvenirs paroissiaux qui se rattachent à la Sainte-Chapelle de Dijon et à la dévotion au Sacré-Cœur, puis sainte Chantal, qui fut paroissienne de Notre-Dame. Les patrons des causes désespérées, saint Simon et saint Jude, ouvrent l'entrée de la chapelle des grâces, la chapelle de Notre-Dame de Bon-Espoir.

Ier VITRAIL

Les premières Saintes de Dijon.

Ier *médaillon.* — Sainte Paschasie, vierge et martyre, reçoit saint Bénigne à Dijon. Elle est instruite et baptisée par lui. Les gens de sa maison assistent à son baptême.

2e *médaillon.* — Sainte Floride, vierge, reçoit le voile des mains de saint Bénigne, en présence des premiers chrétiens de Dijon.

3e *médaillon*. — Sainte Léonille, de Langres, ensevelit saint Bénigne dans un sarcophage antique, en présence et à l'aide des fidèles de l'Eglise de Dijon.

4e *médaillon*. — Sainte Clotilde, fille d'un roi de Bourgogne, assiste au baptême de Clovis, à Reims. Près d'elle, saint Remi, des guerriers bourguignons avec la croix de saint André sur leur écu.

Inscription : Offert par la Confrérie de Notre-Dame de Bon-Espoir.

Ecusson : Notre-Dame de Bon-Espoir devant laquelle une personne en prière est agenouillée.

2e VITRAIL

Sainte Reine d'Alise.

1er *médaillon*. — Sainte Reine, adolescente, garde ses brebis. Sa nourrice lui parle. Un lépreux, à qui la sainte fait l'aumône, se retire. En haut, Notre-Seigneur apparaît et bénit la sainte.

2e *médaillon*. — Le proconsul Olibrius, entouré de soldats, interroge la sainte. Des bourreaux tiennent des chaînes de fer, des verges et des torches, instruments du supplice auquel on la destine.

3e *médaillon*. — Le martyre de la sainte. Un bourreau lui tranche la tête ; un autre tient un chevalet et des griffes de fer. Près d'eux, une cuve, où sainte Reine a été plongée. Olibrius préside au supplice. En haut, une colombe apporte à la sainte une couronne de roses.

4ᵉ *médaillon*. — Le pèlerinage de sainte Reine : la chapelle, les pèlerins et les trois ormeaux. Parmi les pèlerins : saint Germain d'Auxerre, nimbé. Inscription : *In mem(oriam) matris meæ*. En souvenir de ma mère.

Écusson : En chef, les initiales du donateur : J. T. C. N. D. : Jules Thomas, curé de Notre-Dame. En pointe, sa mère, agenouillée.

3ᵉ VITRAIL

La Sainte-Chapelle de Dijon.

1ᵉʳ *médaillon*. — Hugues III, duc de Bourgogne, au milieu d'une tempête, promet à la sainte Vierge, qui lui apparaît, de construire la Sainte-Chapelle.

2ᵉ *médaillon*. — Des ouvriers élèvent les murs de la Sainte-Chapelle, sous la direction d'un architecte. La Sainte-Chapelle occupait autrefois la place Rameau et une partie de l'emplacement où a été bâti le théâtre.

3ᵉ *médaillon*. — Le duc de Bourgogne, Philippe le Bon, tient le chapitre de la Toison d'or dans la Sainte-Chapelle, en 1430.

4ᵉ *médaillon*. — Un prêtre montre au peuple l'Hostie miraculeuse que l'on a conservée dans la Sainte-Chapelle jusqu'à la Révolution. On aperçoit, sur la sainte Hostie, les marques sanglantes d'un coup de poinçon dont un juif l'avait frappée. Inscription : *In mem(oriam) Sanctæ Capellæ (Divionensis)*. Souvenir de la Sainte-Chapelle de Dijon.

Ecusson : En chef, les armes de la donatrice : Un dé et des ciseaux. En pointe, sa patronne, sainte Jeanne de Chusa, portant un panier de gâteaux.

4e VITRAIL

La Dévotion au Sacré-Cœur.

1er *médaillon*. — Apparition de Notre-Seigneur à la B. Marguerite-Marie dans la chapelle de la Visitation de Paray-le-Monial.

2e *médaillon*. — La B. Marguerite-Marie s'entretient de la dévotion au Sacré-Cœur avec le père de la Colombière. L'ancienne chapelle de la Visitation de Dijon, aujourd'hui chapelle de la Communauté de Sainte-Marthe, a été témoin de l'un des plus beaux préludes du culte public de la Dévotion au Sacré-Cœur.

Dans un cartouche, au-dessous du vitrail : Offert par la Confrérie du Sacré-Cœur (de Jésus) de Dijon.

5e VITRAIL

L'Histoire de sainte Chantal.

1er *médaillon*. — Enfance de sainte Chantal. La sainte, à l'âge de cinq ans, jette au feu des dragées, que lui a données un seigneur protestant.

2e *médaillon*. — Vocation de sainte Chantal. Saint François de Sales prêche à la Sainte-Chapelle, et Mme de Chantal le reconnaît, tel qu'une vision le lui avait montré.

3e *médaillon*. — Fondation du Monastère de la Visitation à Dijon, aujourd'hui rue d'Assas et rue de la Préfecture. Au fond, on aperçoit une vue de Dijon.

4e *médaillon*. — Mort de sainte Chantal, à Moulins, au milieu des religieuses de son ordre. Mme de Montmorency est agenouillée près de son lit.

Dans un cartouche, au-dessous du vitrail : Offert par l'Association des Dames placées sous le patronage de sainte Chantal.

6e VITRAIL

Les patrons des causes désespérées.

1er *médaillon*. — Saint Simon et saint Jude tiennent chacun un phylactère sur lequel est inscrit l'article du *Credo* qui lui est attribué ; saint Simon : *Remissionem peccatorum* ; saint Jude : *Carnis resurrectionem*.

2e *médaillon*. — Saint Simon et saint Jude, en présence du général des armées du roi de Perse, imposent silence aux magiciens inspirés par les démons.

3e *médaillon*. — Saint Jude guérit le roi idolâtre, malade de la lèpre. Inscription : *S^s Thaddæus*.

4e *médaillon*. — Martyre des deux saints. Un bourreau tient une scie et un autre brandit une hache. Inscriptions : à droite, *S^s Thaddæus* ; à gauche, *S^s Simon*.

II.

LE TRANSEPT

Nous avons de chaque côté de nous les deux roses qui terminent les croisillons du transept. Voyons-les d'abord. Nous examinerons ensuite les vitraux du premier étage, puis ceux du second, enfin ceux des absidioles.

ROSACES

Les rosaces forment deux tableaux variés et grandioses : elles sont peut-être le chef-d'œuvre de M. Didron dans cette église. Elles offrent en tout cas une perfection si achevée, que les plus habiles connaisseurs les croient souvent très anciennes. La première, celle de gauche, représente l'histoire de la création du monde ; la seconde, celle de droite, figure la fin des temps. C'est l'alpha et l'oméga mystérieux, le commencement et la consommation de toutes choses.

Pour reconnaître plus facilement les sujets de ces deux roses, au milieu d'une si grande variété de figures, nous les avons indiquées, d'une manière sommaire, en donnant le dessin des armatures elles-mêmes. On remarquera ces ferrures, qui remontent au treizième siècle et qui sont, dans leur genre, uniques au monde. Il n'y en a pas d'autre exemple connu.

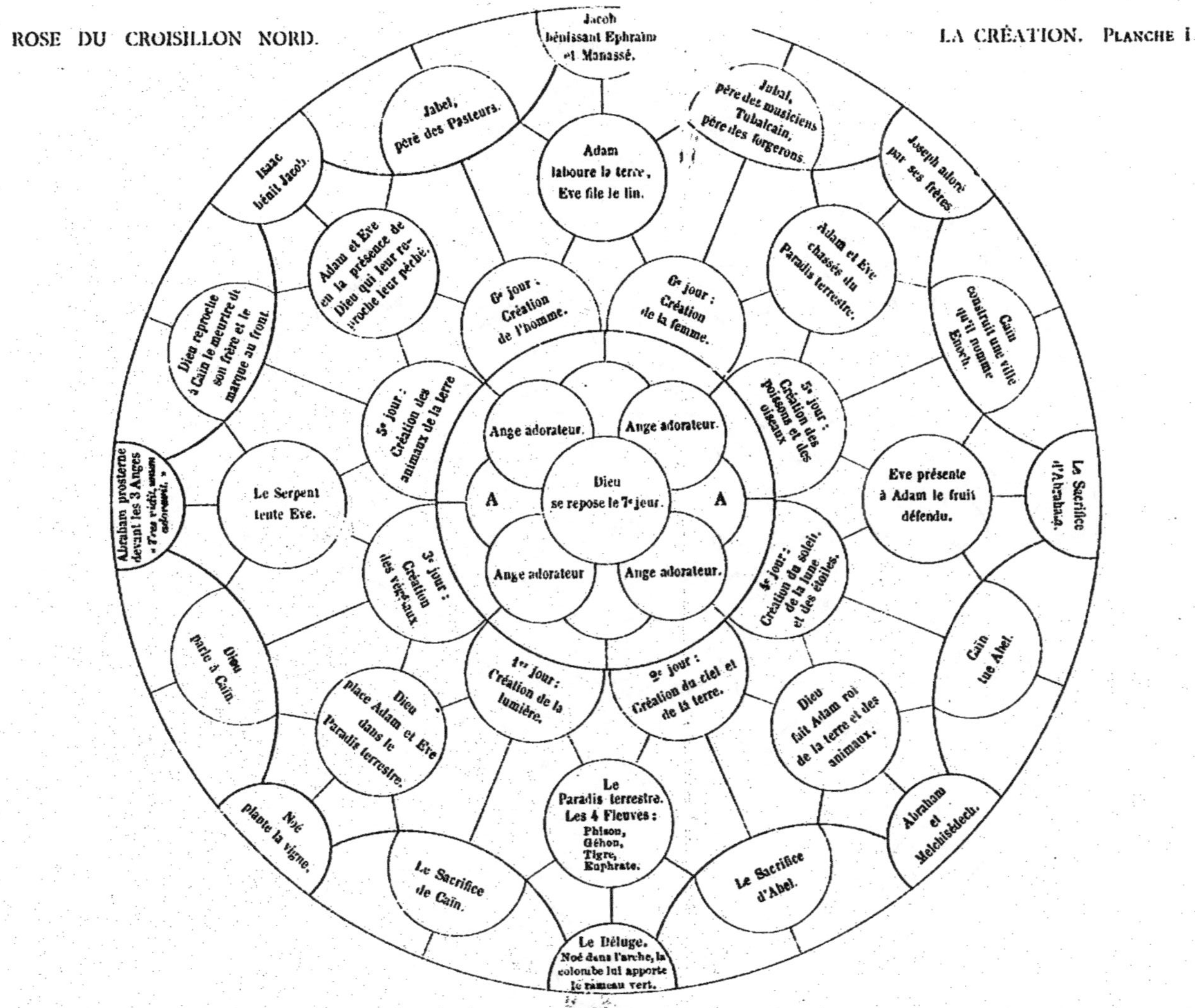

Jacob bénissant Ephraïm et Manassé.
Jabel, père des Pasteurs.
Adam laboure la terre, Eve file le lin.
Jubal, père des musiciens, Tubalcain, père des forgerons.
Joseph adoré par ses frères.
Isaac bénit Jacob.
Adam et Eve en la présence de Dieu qui leur reproche leur péché.
6e jour : Création de l'homme.
6e jour : Création de la femme.
Adam et Eve chassés du Paradis terrestre.
Caïn construit une ville qu'il nomme Enoch.
Dieu reproche à Caïn le meurtre de son frère et le marque au front.
5e jour : Création des animaux de la terre
Ange adorateur.
Ange adorateur.
5e jour : Création des poissons et des oiseaux
La Sacrifice d'Abraham.
Abraham prosterne devant les 3 Anges « Tres vidit, unum adoravit. »
Le Serpent tente Eve.
A
Dieu se repose le 7e jour.
A
Eve présente à Adam le fruit défendu.
3e jour : Création des végétaux.
Ange adorateur
Ange adorateur.
4e jour : Création du soleil, de la lune et des étoiles.
Dieu parle à Caïn.
1er jour : Création de la lumière.
2e jour : Création du ciel et de la terre.
Caïn tue Abel.
Dieu place Adam et Eve dans le Paradis terrestre.
Dieu fait Adam roi de la terre et des animaux.
Noé plante la vigne.
Le Paradis terrestre. Les 4 Fleuves : Phison, Géhon, Tigre, Euphrate.
Abraham et Melchisédech.
Le Sacrifice de Caïn.
Le Sacrifice d'Abel.
Le Déluge. Noé dans l'arche, la colombe lui apporte le rameau vert.

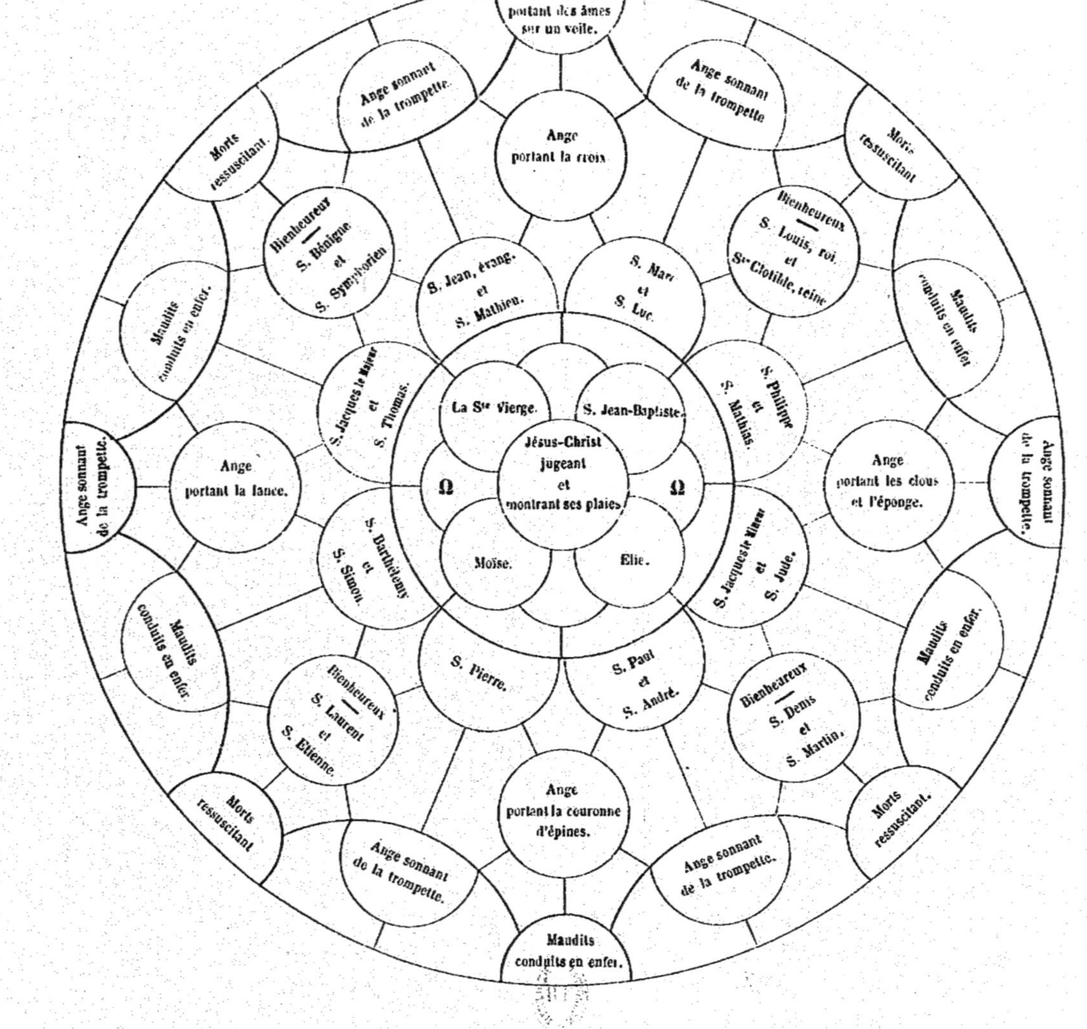

portant des âmes sur un voile.
Ange sonnant de la trompette.
Ange sonnant de la trompette
Ange portant la croix
Morts ressuscitant
Morts ressuscitant.
Bienheureux S. Bénigne et S. Symphorien
Bienheureux S. Louis, roi, et Ste Clotilde, reine
Maudits conduits en enfer.
Maudits conduits en enfer
S. Jean, évang. et S. Mathieu.
S. Marc et S. Luc.
S. Jacques le Majeur et S. Thomas.
S. Philippe et S. Mathias.
La Ste Vierge.
S. Jean-Baptiste.
Jésus-Christ jugeant et montrant ses plaies.
Ω
Ω
Ange portant la lance.
Ange portant les clous et l'éponge.
Ange sonnant de la trompette.
Ange sonnant de la trompette.
S. Barthélemy et S. Simon.
Moïse.
Élie.
S. Jacques le Mineur et S. Jude.
Maudits conduits en enfer.
Maudits conduits en enfer.
S. Pierre.
S. Paul et S. André.
Bienheureux S. Laurent et S. Étienne.
Bienheureux S. Denis et S. Martin.
Morts ressuscitant
Morts ressuscitant.
Ange sonnant de la trompette.
Ange portant la couronne d'épines.
Ange sonnant de la trompette.
Maudits conduits en enfer.

VITRAUX DU 1er ÉTAGE

TRANSEPT NORD

VITRAIL EN GRISAILLE, à gauche.

Les anciens autels de Notre-Dame (1).

Ce vitrail représente les différents saints qui ont eu, autrefois, des autels à Notre-Dame. Il rappelle ainsi l'histoire de leur culte dans cette église.

1er *médaillon*. — Souvenir des autels autrefois placés sous le portail, et des saints qu'on y honorait. D'un côté, saint Antoine, abbé, et saint Gaond, anachorète, portant un reliquaire qui renferme une de ses dents ; de l'autre côté, sainte Barbe avec sa tour et saint Guy, abbé bénédictin, tenant un navire.

2e *médaillon*. — Souvenir des autels autrefois adossés aux piliers et des saints qu'on y honorait. D'un côté, saint Michel, archange, saint Pierre et saint Paul ; de l'autre côté, saint Thomas, apôtre, saint Etienne, diacre, et saint Bénigne, apôtre de la Bourgogne.

3e *médaillon*. — Souvenir d'autres autels également adossés jadis aux piliers, et des saints qu'on y

---

(1) On n'a fait figurer dans cette nomenclature ni saint Joseph ni les vocables disparus du culte de la sainte Vierge, parce que ces souvenirs sont rappelés dans d'autres verrières.

honorait. D'un côté, saint Mammès, de Langres, avec l'aspect d'un jeune homme, porte une palme et un tri- dent ; saint Thibaut, de Provins, ermite cistercien, tient un médaillon qui représente la sainte Trinité ; saint Claude, de Besançon, avec des chaînes brisées entre les mains ; de l'autre côté, saint Grégoire, pape ; saint Eloi, évêque, et derrière eux, saint Roch et saint Maur.

4e *médaillon.* — Souvenir des anciens autels des absidioles, successivement dédiés à sainte Anne et à saint Jean-Baptiste, représentés d'un côté ; à saint Jacques le Majeur et à saint Christophe, représentés de l'autre.

Ecussons de l'abbaye de Saint-Etienne, église-mère de Notre-Dame, de Saint-Nicolas et de la Sainte-Cha- pelle, églises aujourd'hui comprises dans le périmètre de la paroisse de Notre-Dame.

GALERIE DU XIIIe SIÈCLE
Au-dessous de la rosace du transept nord.

Ces vitraux, du treizième siècle, sont une des curiosités de cette église. Ils rappellent, soit des faits évangéliques, soit des faits hagiographiques et légen- daires.

1er VITRAIL, à gauche.

Scènes de l'apostolat de saint Pierre.

1er *médaillon.* — Saint Pierre parle aux premiers fidèles.

2e *médaillon*. — Mort de Saphire et d'Ananie.

3e *médaillon*. — Un boiteux, à la porte du temple, demande l'aumône à saint Pierre et à saint Jean, patron secondaire de Notre-Dame.

4e *médaillon*. — Saint Pierre guérit le boiteux.

5e *médaillon*. — Jésus marche sur les eaux à la rencontre de la barque de saint Pierre.

6e *médaillon*. — Saint Pierre suit Jésus marchant sur les eaux.

2e VITRAIL

Autres scènes de la vie de saint Pierre.

1er *médaillon*. — Notre-Seigneur instruit les apôtres.

2e *médaillon*. — Jésus donne à saint Pierre les clefs du royaume des cieux.

3e *médaillon*. — Saint Pierre et Cornélius, le centurion de Césarée.

4e *médaillon*. — On apporte à saint Pierre un suaire pour ensevelir un mort.

5e *médaillon*. — Les parents du mort le pleurent.

6e *médaillon*. — Saint Pierre ressuscite le mort.

3e VITRAIL

En l'honneur de saint Barthélemy.

1er *médaillon*. — La Corporation des forgerons placée sous le patronage du saint.

2e *médaillon*. — La Corporation des corroyeurs sous le même patronage.

3e *médaillon*. — Des diables étranglent les prêtres d'Astaroth dans une cuve.

4e *médaillon*. — Des diables assomment les prêtres d'Astaroth.

5e *scène*, 6e *médaillon*, par interversion. — Saint Barthélemy guérit la fille du roi Polémius.

6e *scène*, 5e *médaillon*. — Saint Barthélemy ressuscite un mort.

4e VITRAIL

Histoire de saint Bénigne.

1er *médaillon*. — Saint Bénigne est reçu à Autun par le sénateur Faustus et saint Symphorien son fils.

2e *scène, au* 3e *médaillon*. — Saint Bénigne baptise Fauste et sa famille.

3e *scène, au* 2e *médaillon*. — Saint Bénigne instruit les trois jumeaux saint Speusippe, saint Eleusippe et saint Méleusippe, à Langres.

4e *médaillon*. — Saint Bénigne prêche la parole de Dieu à Dijon.

5e *médaillon*. — Saint Bénigne est enfermé dans une prison avec des chiens affamés.

6e *médaillon*. — Saint Bénigne est amené devant le préfet Térentius.

5e VITRAIL

Histoire de saint André apôtre, patron secondaire de Notre-Dame.

1er *médaillon*. — Saint André arrive, dans les pays slaves, à une cité défendue par les démons.

2e *médaillon*. — Un homme, se détachant d'un groupe, offre une fleur à l'apôtre.

3e *scène, au 5e médaillon*. — Saint André parle à la mère d'un enfant possédé du démon ; c'est la figure du paganisme que l'apôtre vient détruire.

4e *scène, au 3e médaillon*. — Saint André guérit le jeune possédé.

5e *scène, au 6e médaillon*. — Saint André est agenouillé devant la croix sur laquelle il sera mis, et l'adore avant d'y être cloué.

6e *scène, au 4e médaillon*. — Saint André est étendu sur la croix.

TRANSEPT SUD

VITRAIL A GAUCHE

Souvenirs de famille.

1er *médaillon*. — Intérieur de la maison de Nazareth, figure de l'intérieur d'une famille chrétienne. L'enfant Jésus prépare une croix. La sainte Vierge et saint Joseph témoignent de leur surprise.

2e *médaillon*. — Notre-Dame del Pilar. Apparition de la sainte Vierge à saint Jacques le Majeur. L'ange Gabriel tient un phylactère sur lequel on lit : *Ave, Maria, gratia plena.*

3e *médaillon*. — Le martyre de saint Etienne. Les Juifs le lapident. Notre-Seigneur apparaît dans les cieux entr'ouverts.

4e *médaillon*. — La sainte Vierge donne le rosaire à saint Dominique ; les anges sont autour d'elle.

Ecussons du donateur et de la donatrice : M. et Mme Albert de Loisy (d'Arceau).

GALERIE MODERNE

Au-dessous de la rosace du transept sud.

Ces verrières expriment les invocations que l'Eglise adresse à la sainte Vierge, rappellent les plus célèbres pèlerinages de la Mère de Dieu et racontent divers épisodes de l'histoire de Notre-Dame de Bon-Espoir.

1er VITRAIL, à gauche.

Les Litanies de la sainte Vierge.

1er *médaillon*. Inscription : *Mater Salvatoris.* — La nativité de Notre-Seigneur. L'enfant Jésus, dans sa crèche, sous le souffle des animaux. Près de lui, Notre-Dame la Gisante, et saint Joseph qui paraît endormi.

2e *médaillon*. Inscription : *Stella matutina.* — La Vierge-Mère est assise au centre d'une grande étoile et entourée d'autres étoiles.

3e médaillon. Inscription : *Consolatrix afflicto-rum*. — Vieillard infirme, mère portant son enfant malade, soldat blessé, toutes les afflictions invoquent la divine Consolatrice, qui est assise sur son trône et tient l'enfant Jésus.

4e médaillon. Inscription : *Janua cœli*. — La Vierge-Mère couronne l'Espérance ; près d'elle, la Religion chrétienne, jeune femme couronnée, tient l'étendard de la croix.

Ecusson : Les armes de la ville de Dijon.

2e VITRAIL, à gauche.

Les pèlerinages de la sainte Vierge.

1er *médaillon*. — Notre-Dame de Chartres. Les Druides élèvent une statue à la Vierge qui doit enfanter : *Virgini pariturœ* : c'est l'inscription.

2e *médaillon*. — Notre-Dame de la Garde. Saint Lazare, sainte Marthe et sainte Madeleine prêchent la foi en Provence aux anciens Gaulois.

3e *médaillon*. — Notre-Dame de Fourvières. Les magistrats de Lyon remettent aux chanoines les clefs d'une porte de la ville.

4e *médaillon*. — Notre-Dame du Mont-Roland. Le paladin Roland, entouré de chevaliers, s'agenouille devant la statue miraculeuse de la Vierge, que représente une sculpture mérovingienne.

Ecussons du donateur et de la donatrice : M. Henri Chevreul et Mme Chevreul, née Languet de Gergy de Sivry.

3e VITRAIL, au centre.

Histoire de la Vierge Noire.

1er *médaillon.* — Un guerrier de l'illustre famille Pot, probablement René, combat les lions sur l'invitation du sultan et s'écrie : Tant L vault. C'est la devise de la Vierge Noire. Une inscription la reproduit.

2e *médaillon.* — Le sire de La Trémoïlle se place sous la protection de la Vierge Noire, avant de faire lever le siège des Suisses. Chevaliers et prêtres s'unissent à sa prière.

3e *médaillon.* — Les infirmes et les affligés viennent implorer la Vierge Noire. Son image est semblable à celle que l'on voit aujourd'hui.

4e *médaillon.* — La Vierge Noire est portée en procession par quatre diacres, en présence de l'évêque diocésain, des chanoines de la ville et des marguilliers de l'église.

Ecusson des donateurs : M. Mugnier et Mme Mugnier, née Bruet, avec leurs initiales M. B., et la devise : *Labor omnia vincit.* Le travail triomphe de tout.

4e VITRAIL

Suite des pèlerinages de la sainte Vierge.

1er *médaillon.* — Notre-Dame de Liesse. Trois chevaliers croisés et la princesse Isméric emportant la statue miraculeuse de la sainte Vierge, sont conduits sur une barque par un ange et vont d'Egypte en France.

2e *médaillon*. — Notre-Dame du Puy, en Velay. Saint Georges, évêque du Puy, voit un cerf qui, dans sa course, trace sur la neige, tombée en juillet, le plan d'une église à élever en l'honneur de la Mère de Dieu. Un médaillon porté par des anges représente la Mère de Dieu.

3e *médaillon*. — Notre-Dame de la Serrée, à Nuits. Un gentilhomme chasseur, Guy de Villers, sent son cheval se dérober en glissant sur une roche et va être entraîné dans sa chute. Il invoque la sainte Vierge qui lui apparaît, et une racine se rencontre sous son pied qui l'arrête.

4e *médaillon*. — Notre-Dame d'Etang, à Velars. — Des bergers découvrent une statuette de la Vierge-Mère, en creusant le sol près d'un endroit où un bœuf se tenait agenouillé.

Ecusson : En chef : les initiales du donateur, J. T. C. N. D. Jules Thomas, curé de Notre-Dame. En pointe : l'image de Notre-Dame de Bon-Espoir, dans sa forme actuelle (1).

5e VITRAIL

Suite des Litanies de la sainte Vierge.

1er *médaillon*. Inscription : *Virgo potens*. — La Vierge-Mère terrasse le dragon avec une lance.

---

(1) Avant la Révolution, l'enfant Jésus, assis sur les genoux de sa sainte Mère, était apparent.

2e médaillon. Inscription : *Rosa mystica*. — La Vierge-Mère, tenant une rose à la main droite, émerge d'un buisson de roses.

3e médaillon. Inscriptions : *Vas spirituale, Fons vitæ*. — La Vierge-Mère, tenant une coupe, domine un bassin que portent quatre figures personnifiant les quatre fleuves du paradis terrestre ; chaque fleuve a un nom près de lui : *Geon, Phison, Tigris, Euphrates*.

4e médaillon. Inscription : *Fœderis arca*. — La Vierge-Mère est assise sur les nuées. Un arc-en-ciel resplendit derrière elle. La colombe de l'arche, tenant un rameau vert dans son bec, descend vers les fidèles agenouillés. L'enfant Jésus, sur le bras de sa mère, bénit et tient le livre des Evangiles.

Ecusson fantaisiste rappelant l'histoire de sainte Scholastique.

Inscription faisant suite à celle du 4e vitrail : Initiales de la donatrice, M. T. S. S. : Mlle Marie Thomas, sa sœur.

VITRAIL EN GRISAILLE, à gauche.

Le culte de la sainte Vierge à Notre-Dame.

Ce vitrail expose quelques-unes des manifestations successives de la piété des fidèles envers leur ancienne patronne.

1er *médaillon*. — Sainte Marie du Marché (1), dans

---

(1) *Sancta Maria de Foro*. Cf. Bulles d'Adrien IV, en 1156, et d'Alexandre III, en 1172.

un édifice antérieur à l'église actuelle. La sainte Vierge, assise sur un trône, tient l'enfant Jésus sur ses genoux ; elle est couronnée. Autour d'elle, des femmes du peuple et du marché.

2e médaillon. — Notre-Dame de l'Apport, ancien vocable de la sainte Vierge, dans l'église actuelle. Marguerite de Flandre, duchesse de Bourgogne, entourée de sa cour, en assistant à la messe, dépose un franc d'or entre les mains des mépartistes, qui desservaient l'église. Dans le haut, la vierge du médaillon précédent.

3e médaillon. — Notre-Dame de Bon-Espoir, titre donné à Notre-Dame de l'Apport, surtout après 1513. Les Suisses lèvent le siège de Dijon ; la Vierge victorieuse reçoit les hommages du sire de La Trémoïlle et des autres défenseurs de la cité ; l'un d'eux tient l'écu de France (1).

4e médaillon. — Notre-Dame de l'Assomption, vocable actuel du patronage de cette église, et titre d'une confrérie très florissante au dix-septième et au dix-huitième siècle. C'est cette dernière idée que rappellent les seigneurs, les grandes dames et les bourgeois agenouillés au bas du médaillon (2).

----

(1) L'image de Notre-Dame de Bon-Espoir était autrefois honorée dans une chapelle qui n'existe plus depuis longtemps. Cette chapelle avait été construite dans l'intérieur du transept sud de l'église : elle était très basse et la porte, son unique ouverture, s'ouvrait au nord. C'est là qu'entrèrent le chevalier Pot, Louis de La Trémoïlle et Anne de Xainctonge.

(2) En dehors de tous ces vocables, la sainte Vierge a été encore honorée dans cette paroisse, sous les noms de Notre-Dame de l'Annonciation, c'est le premier vocable de l'église, de Notre-Dame de la Visitation et de Notre-Dame la Gisante. Elle a eu des autels sous ces trois titres.

Ecussons des donateurs : Au centre, celui de Mme la vicomtesse de Vallier ; à gauche et à droite, ceux de M. le vicomte du Parc et de M. le vicomte Guy du Parc, ses frères.

ÉTAGE SUPÉRIEUR DU TRANSEPT

Les Fondateurs d'Ordres religieux.

On voit, à l'étage supérieur, les fondateurs des grands ordres religieux qui ont eu des maisons dans les limites actuelles de la paroisse : saint Dominique, saint François d'Assise, saint Vincent de Paul et saint François de Sales. Le premier vitrail, à gauche, saint Dominique, se rattache au souvenir du couvent des Dominicains autrefois établi sur l'emplacement des halles centrales. Le second, saint François d'Assise, rappelle le couvent des Capucins que remplace aujourd'hui la caserne Vaillant. Le troisième, saint Vincent de Paul, se réfère à l'Institut des Filles de la Charité, qui avaient autrefois deux maisons dans les limites actuelles de la paroisse. Le quatrième, saint François de Sales, rappelle la Visitation dont le monastère est maintenant occupé par la brasserie de M. Trivier-Carré et la maison des Dames de Sainte-Marthe.

VITRAIL DE SAINT DOMINIQUE

Saint Dominique est revêtu des habits de son ordre. Il tient un lis à la main droite ; une étoile brille sur son front. Inscriptions : *Sanctus Dominicus,* et plus bas : *Dederunt Sancto devoti.*

VITRAIL DE SAINT FRANÇOIS D'ASSISE

Saint François d'Assise est également revêtu des habits de son ordre. Il tient les mains élevées et l'on y voit, ainsi qu'à ses pieds, les stigmates sanglants de la passion de Notre-Seigneur. Inscriptions : *Sanctus Dominicus,* et plus bas : *Francisco Grignard soror sua.* La sœur de l'abbé François Grignard lui a consacré ce souvenir.

VITRAIL DE SAINT VINCENT DE PAUL

Saint Vincent de Paul est revêtu d'ornements sacerdotaux de forme gothique (1). Il porte sur son bras gauche un enfant trouvé déjà grand ; de la main droite, il fait appel à la charité. Inscriptions : *S⁸ Vincentius a Paulo,* et plus bas : Souvenir de sœur L(éonie) Rouget (Religieuse de la Charité).

VITRAIL DE SAINT FRANÇOIS DE SALES

Saint François de Sales, en évêque, avec mitre, chasuble, étole et crosse du treizième siècle. Il tient à la main droite *le Traité de l'amour de Dieu.* Ins-

---

(1) Le style de l'Eglise n'a pas permis au peintre-verrier de représenter les personnages modernes, comme saint Vincent de Paul et saint François de Sales, avec les ornements de leur époque.

criptions : *S¹ Franciscus Salesius*, et un peu plus bas : *Sponso et Patri*.

Ecusson : En chef : M. A. M. Initiales de l'épouse et du père à la mémoire duquel est consacré ce vitrail. En pointe : Figure de son saint patron, qui tient une bourse à la main.

LES ABSIDIOLES

On appelle *absidioles* les deux petites chapelles qui sont aujourd'hui dédiées à la sainte Vierge et à saint Joseph. On voit par le quatrième médaillon de la fenêtre qui fait face à la chapelle de saint Joseph qu'elles ont autrefois renfermé successivement d'autres autels.

Aujourd'hui la chapelle de saint Joseph est également le centre de la Confrérie de la sainte Croix et de l'Archiconfrérie Réparatrice, cette dernière sous le vocable de la très sainte Trinité. Les trois vitraux de cette absidiole représentent successivement ces trois dévotions.

ABSIDIOLE NORD

OU CHAPELLE DE SAINT JOSEPH

1er VITRAIL, à gauche.

Glorification de la sainte Croix.

1er *médaillon.* — Jésus-Christ crucifié. D'un côté du Sauveur, l'Eglise, sous la figure d'une femme couronnée, tient d'une main l'étendard de la croix, et de l'autre un calice d'où jaillit le sang du Sauveur. Inscription : *Ecclesia*. De l'autre côté, la synagogue, les yeux bandés, tient, d'une main, les tables de la loi renversées, et de l'autre un étendard dont la hampe est brisée. Inscription : *Synagoga*.

2e *médaillon*. — Invention de la sainte Croix par sainte Hélène, mère de Constantin. L'empereur est présent avec l'évêque de Jérusalem. Un soldat tient la croix. Inscription : *Sᵃ Helena*.

3e *médaillon*. — Exaltation de la sainte Croix. Sainte Hélène et Constantin adorent la sainte Croix, que soutiennent deux anges nimbés.

4e *médaillon*. — Jésus-Christ vient juger le monde avec sa croix. Il descend du haut des cieux et apparaît assis sur un arc-en-ciel.

2e VITRAIL

Histoire de saint Joseph.

1er *médaillon*. — Le mariage de saint Joseph et de la sainte Vierge, en présence d'un prêtre de l'ancienne loi, mitré.

2e *médaillon*. — La fuite en Egypte. Saint Joseph précède ; la sainte Vierge, assise sur sa monture, tient l'enfant Jésus.

3e *médaillon*. — L'intérieur de la maison de Nazareth. Saint Joseph travaille ; la sainte Vierge, tenant une quenouille, et l'enfant Jésus, ayant un nimbe crucifère .e regardent.

4e *médaillon*. — Mort de saint Joseph. Notre-Seigneur reçoit son âme. La sainte Vierge est présente.

Ecusson avec les initiales des donateurs entrelacées L. J. N. : M. le Dr Louis Noirot et Mlle Joséphine Noirot, sa sœur.

3e VITRAIL

La très sainte Trinité.

1er *médaillon*. — La représentation des trois personnes divines sous les figures qui leur sont propres. Le Père, sous la forme d'un vieillard ; le Fils étendu sur la croix ; le Saint-Esprit, sous la figure d'une colombe.

2e *médaillon*. — Abraham se prosterne devant les trois anges. Inscriptions : D'un côté, *Abraham*, et de l'autre, sur un phylactère : *Tres vidit, unum adoravit*.

3e *médaillon*. — Au baptême de Notre-Seigneur, les trois personnes de la sainte Trinité s'affirment. La voix du Père se fait entendre ; le Fils est présent ; le Saint-Esprit apparaît sous la forme d'une colombe.

4e *médaillon*. — Mission des apôtres, où le même mystère s'affirme encore, puisque Notre-Seigneur envoie les apôtres, au nom du Père, et du Fils, et du Saint-Esprit.

ABSIDIOLE SUD

OU CHAPELLE DE LA SAINTE VIERGE

A la chapelle de la sainte Vierge se rattache le souvenir de la chapelle de sainte Anne. Voilà pourquoi un des trois vitraux de cette absidiole est consacré au culte de la sainte mère de la bienheureuse Vierge Marie.

1er VITRAIL, au centre de l'abside.

Les mystères de la sainte Vierge.

1er *médaillon*. — L'Immaculée Conception de la sainte Vierge. Les anges l'entourent et chantent la gloire de Dieu.

2e *médaillon*. — L'Annonciation. Un ange annonce à Marie le mystère de l'Incarnation ; devant lui, un phylactère avec cette inscription : *Ave Maria*. Aux pieds de la Vierge immaculée, un lis, symbole de son innocence.

3e *médaillon*. — La Visitation. La sainte Vierge rend visite à sa cousine sainte Elisabeth. Des arbres fantaisistes décorent cette scène.

4e *médaillon*. -- La Circoncision de Notre-Seigneur Jésus-Christ. Le grand prêtre tient l'enfant sur l'autel. Marie et Joseph sont présents.

2ᵉ VITRAIL, à droite.

Suite des mystères de la sainte Vierge.

1ᵉʳ *médaillon.* — La Nativité de Notre-Seigneur Jésus-Christ. La crèche, le divin enfant, l'âne et le bœuf, Marie et Joseph, c'est la scène ordinaire.

2ᵉ *médaillon.* — La sainte Vierge aux noces de Cana. Marie parle à Jésus ; le maître d'hôtel remplit d'eau les amphores.

3ᵉ *médaillon.* — La sainte Vierge au Calvaire. Jésus parle à sa mère placée à droite ; saint Jean est debout de l'autre côté.

4ᵉ *médaillon.* — Notre-Dame de Pitié. La sainte Vierge reçoit sur ses genoux le corps inanimé de son divin Fils.

Écusson avec les initiales du donateur entrelacées L. N. : M. le Dʳ Louis Noirot, en son nom comme en celui de Mˡˡᵉ Joséphine Noirot, sa sœur.

3ᵉ VITRAIL, à droite.

Histoire de sainte Anne.

1ᵉʳ *médaillon.* — Naissance de la sainte Vierge. Les parents de sainte Anne offrent leurs soins à la bienheureuse enfant.

2ᵉ *médaillon.* — Présentation de la sainte Vierge au temple. Sainte Anne et saint Joachim lui font gravir les marches de la maison du Seigneur.

3e *médaillon*. — Sainte Anne instruit la Vierge Marie dans la maison paternelle.

4e *médaillon*. — Sainte Anne protège la ville de Dijon, dont on voit les tours et les clochers.

Disque avec les initiales de la donatrice entrelacées : A. C. : Mme Ancemot-Chopard.

III.

LE CHŒUR

Les vitraux de l'étage inférieur expriment la théologie des Sacrements. Le premier vitrail, à gauche, reproduit la doctrine de l'Eglise sur les sacramentaux, qu'on peut regarder comme une sorte d'annexe aux sacrements. Le premier à droite se réfère à l'enseignement de l'Eglise sur les vertus chrétiennes et particulièrement sur les œuvres de charité, considérées, les unes et les autres, comme les fruits des sacrements.

1er ÉTAGE

1er VITRAIL, à gauche.

Les Sacramentaux.

1er *médaillon*. — *La prière en famille.* Le père, la mère et les enfants sont devant un crucifix, orné d'un rameau bénit.

2e *médaillon*. — *L'eau bénite*. Un prêtre en chasuble asperge, avec une branche d'hyssope, la foule des fidèles réunis dans l'église. Près de lui, un enfant tient un bénitier.

3e *médaillon*. — *Le pain bénit*. Des clercs tiennent des corbeilles. Les fidèles prennent le pain bénit dans ces corbeilles. Des enfants le portent à leur bouche.

4e *médaillon*. — *La bénédiction*. Un évêque, assisté de deux prêtres, bénit les fidèles qui s'agenouillent à son passage. Inscriptions : Le vers mnémonique des sacramentaux :

Orans, tinctus, edens, confessus, dans, benedicens.

Et plus bas, dans un écusson sur fond noir : *Dedit can(onicus) Ramousset, olim N(ostræ) D(ominæ) par(ochus)*. Don de M. le chanoine Ramousset, ancien curé de Notre-Dame.

1er VITRAIL, à droite.

Les Œuvres de Charité.

1er *médaillon*. — *L'instruction des enfants*. Un homme assis, un livre à la main, enseigne un groupe d'enfants.

2e *médaillon* — *La consolation des malheureux*. Des affligés pleurent. Un homme debout leur montre le ciel.

3e *médaillon*. — *La visite des malades*. Un prêtre, des femmes et des enfants sont autour du lit d'un malade, auquel le prêtre présente la communion.

4e *médaillon.* — *Vêtir les indigents.* Des dames de charité distribuent des vêtements à des enfants demi-nus et à des vieillards. Inscriptions : Les vers mnémoniques des œuvres de charité spirituelle et corporelle :

Consule, carpe, doce, solare, remitte, fer, ora.
Visito, poto, cibo, redimo, tego, colligo, condo.

Et plus bas, dans un écusson sur fond noir, *Dedit can* (*onicus*) *Ramousset olim* N(*ostræ*) D(*ominæ*) *par*(*ochus*). Don de M. le chanoine Ramousset, ancien curé de Notre-Dame.

Les sept autres vitraux expriment l'enseignement théologique de l'Eglise sur chacun des sept sacrements. Ils en peignent tour à tour les figures dans l'ancien ou le nouveau Testament, l'institution historique que Notre-Seigneur en a faite, et l'administration telle qu'elle est aujourd'hui en usage dans l'Eglise. Ces vitraux sont placés dans leur ordre hiératique.

1er VITRAIL DES SACREMENTS

Le Baptême.

1er *médaillon.* — Le passage de la mer Rouge, figure du baptême chrétien. Les flots submergent les Egyptiens, en présence de Moïse et des Hébreux effrayés.

2e *médaillon.* — Le baptême de Notre-Seigneur, autre figure du baptême chrétien. Jésus est descendu dans le Jourdain et saint Jean-Baptiste verse l'eau sur la tête du Sauveur.

3e *médaillon.* — Institution du sacrement de Baptême. Notre-Seigneur envoie ses apôtres baptiser toutes les nations au nom du Père, et du Fils, et du Saint-Esprit.

4e *médaillon.* — Un prêtre, assisté d'un servant, baptise un enfant sur les fonts sacrés, en présence du parrain et de la marraine.

2e VITRAIL DES SACREMENTS

La Confirmation.

1er *médaillon.* — Samson terrasse un lion : c'est la figure du chrétien confirmé qui combat les ennemis du salut.

2e *médaillon.* — La Pentecôte rappelle la descente du Saint-Esprit sur les apôtres, dont elle fut réellement la confirmation miraculeuse.

3e *médaillon.* — Saint Pierre et saint Jean imposent les mains aux Samaritains en leur donnant la confirmation.

4e *médaillon.* — Un évêque administre solennellement le sacrement de Confirmation à des enfants agenouillés. Des fidèles assistent à la cérémonie.

3e VITRAIL DES SACREMENTS

L'Eucharistie.

1er *médaillon.* — L'Agneau pascal des Hébreux : figure de l'Eucharistie. Les Hébreux se tiennent debout devant la table préparée.

2e *médaillon.* — L'institution de l'Eucharistie : Notre-Seigneur célèbre la cène avec ses disciples. Saint Jean est penché sur son cœur.

3e *médaillon.* — Un prêtre célèbre le saint sacrifice de la messe. La scène représente l'élévation.

4e *médaillon.* — Un prêtre donne aux fidèles la sainte communion. L'un d'eux est agenouillé devant lui.

Ecusson du donateur : M. le comte du Parc, qui a également offert l'*oculus* de l'étage supérieur.

4e VITRAIL DES SACREMENTS

La Pénitence.

1er *médaillon.* — Le prophète Nathan annonce à David que Dieu lui pardonne ses péchés : c'est une figure du sacrement de Pénitence. Dans le haut, un ange tient des balances et une épée.

2e *médaillon.* — Notre-Seigneur dit de Marie-Madeleine, qui est prosternée à ses pieds, chez Simon le pharisien : « Beaucoup de péchés lui sont remis. » Les convives l'écoutent stupéfaits. Ce pardon est une autre figure de la Pénitence.

3e *médaillon*. — L'institution du sacrement. Notre-Seigneur donne à ses douze apôtres, réunis autour de lui, le pouvoir de remettre les péchés et dit : « Les péchés seront remis à ceux à qui vous les remettrez. »

4e *médaillon*. — Un prêtre, assis au saint tribunal, administre le sacrement de la Pénitence dans une église.

Écusson du donateur : M. le vicomte Raoul de Saint-Seine, qui a également offert l'*oculus* de l'étage supérieur.

5e VITRAIL DES SACREMENTS

L'Extrême-Onction.

1er *médaillon*. — Jacob, tenant ses deux mains en forme de croix, bénit Ephraïm et Manassé, à son lit de mort. Image du chrétien mourant qui bénit ses fils, après avoir reçu l'Extrême-Onction, et figure du sacrement.

2e *médaillon*. — Les apôtres guérissent les malades en les oignant d'huile. Nouvelle figure du sacrement de l'Extrême-Onction.

3e *médaillon*. — L'apôtre saint Jacques promulgue le sacrement de l'Extrême-Onction, tandis qu'un prêtre exhorte un malade.

4e *médaillon*. — Un prêtre administre l'Extrême-Onction à un vieillard malade, au milieu d'une assistance qui lui prête son concours.

Au bas, écusson du donateur : M. de La Villette.

6e VITRAIL DES SACREMENTS

L'Ordre.

1er *médaillon*. — Melchisédech présente à Abraham le pain et le vin. C'est la figure des offrandes que le prêtre consacre à l'autel.

2e *médaillon*. — Moïse consacre Aaron : il lui remet la verge fleurie. C'est l'Ordre chez les Hébreux : autre figure du sacrement de l'Ordre dans l'Eglise.

3e *médaillon*. — Saint Pierre impose les mains à saint Paul et à saint Barnabé, avant leur départ, et leur confère le sacrement de l'Ordre. En haut, le prêtre éternel, Notre-Seigneur, bénit cette scène.

4e *médaillon*. — Un évêque, accompagné de ses assistants, ordonne un prêtre agenouillé devant lui.

Vitrail offert par M. Ramousset, curé de Notre-Dame, et MM. Perron, Drouhin et Chanlon, ses vicaires. Inscription : *B. M. reginæ cleri*. A la B. Vierge Marie, la reine du clergé.

7e VITRAIL DES SACREMENTS

Le Mariage.

1er *médaillon*. — Dieu unit Adam et Eve dans le Paradis terrestre. Figure du sacrement de Mariage.

2e *médaillon*. — Le mariage de la sainte Vierge et de saint Joseph, en présence d'un prêtre de l'ancienne loi : autre figure du sacrement.

3e *médaillon*. — Les Noces de Cana que Notre-

Seigneur sanctifie par sa présence, et auxquelles assiste également la sainte Vierge.

4e *médaillon*. — Le sacrement de Mariage dans l'Eglise. Un prêtre bénit les époux devant l'autel, en présence de leurs parents.

LES *OCULI*

On appelle ainsi les ouvertures circulaires du triforium de l'abside. Il y en a sept. Les *oculi* sont placés au-dessus des fenêtres des sept sacrements. On y voit les sept vertus théologales et cardinales, sous la figure de femmes assises. Les trois vertus théologales occupent le centre, et la Foi, qui est le principe de toutes les vertus chrétiennes, est au milieu.

Voici les attributs qui sont propres à chacune d'elles :

La 1re à gauche est la Prudence. Attributs : Un miroir et un serpent. Inscription : *Prudentia.*

La 2e est la Justice. Attributs : Une épée haute et des balances. Inscription : *Justitia.*

La 3e est l'Espérance. Attributs : Une couronne et un étendard timbré de la colombe de l'Arche. Inscription : *Spes.*

La 4e est la Foi. Attributs : Une croix et un calice. Inscription : *Fides.*

La 5e est la Charité. Attributs : Un cœur et le monogramme du Christ. Inscription : *Charitas.*

La 6e est la Force. Attributs : Une épée et un lion. Inscription : *Fortitudo.*

La 7e est la Tempérance. Attributs : Une épée liée et un mors. Inscription : *Temperantia.*

ÉTAGE SUPÉRIEUR DU CHŒUR

A l'étage supérieur, onze fenêtres à grandes figures terminent la décoration du chœur. Notre-Seigneur se tient debout au milieu de l'assemblée. Autour de lui, à droite et à gauche, se groupent les saints et les saintes qui composent sa famille humaine, ceux qui l'ont approché de plus près et ceux qui ont immédiatement continué son œuvre.

Voici la description de ces vitraux, en suivant l'ordre qui vient d'être indiqué.

VITRAIL CENTRAL

Le Sauveur du monde.

Notre-Seigneur Jésus-Christ bénit de la main droite ; il tient de la main gauche une croix gemmée, qu'il appuie sur son épaule ; il foule aux pieds le dragon, figure de Satan.

Inscription : Don des domestiques de Dijon.

1er VITRAIL, à droite du Sauveur.

La sainte Vierge.

La bienheureuse Vierge Marie, sous la figure d'une orante, intercède pour nous. Elle regarde le Sauveur,

4

qui est la cause de toutes les grâces, et étend les mains pour marquer l'ardeur de sa supplication.

Inscriptions : *Virgo Mater Dei.* Et au-dessous, dans un cartouche : Offert par les jeunes filles de la ville de Dijon.

1er VITRAIL, à gauche du Sauveur.

Saint Joseph.

Le bienheureux père nourricier de Jésus tient un lis de la main droite, et, de la gauche, montre discrètement le Sauveur du monde. Inscriptions : *Sanctus Joseph.* Et au-dessous, dans un cartouche : Offert par Mme S. R. S. : Mme Sophie Robert, née Saussié.

2e VITRAIL, à droite du Sauveur.

Saint Jean-Baptiste.

Le saint Précurseur porte un vêtement de poil de chameau, sous un manteau d'écarlate ; il tient sur son cœur un agneau, figure de la divine victime qu'il annonce et qui doit s'immoler pour le salut du monde. Inscriptions : *Stus Johannes Baptista.* Et au-dessous : Don de E. P. et de H. P. : Mlle Elisabeth Perrot et M. Honoré Perrot, son père.

2e VITRAIL, à gauche du Sauveur.

Sainte Anne.

Sainte Anne instruit la sainte Vierge. Elle tient, de la main droite, un phylactère sur lequel on lit : *Melior est obedientia quam victimæ.* Elle appuie légèrement la gauche sur l'épaule de la sainte enfant.

Inscriptions : *Sancta Anna.* Et au-dessous, en ligne droite : Don de la famille F. C. D. : François Caillot-Dechaux.

3e VITRAIL, à droite du Sauveur.

Sainte Madeleine.

Sainte Madeleine tient un vase de parfums entr'ouvert, en souvenir de celui qu'elle répandit sur les pieds du Sauveur. Inscription : *Sta Magdalena.*

3e VITRAIL, à gauche du Sauveur.

Sainte Marthe.

Sainte Marthe tient un panier et les cordes avec lesquelles elle a lié la tête de la tarasque. Inscription : *Sancta Martha.*

4e VITRAIL, à droite du Sauveur.

Saint Jean l'Evangéliste.

Le disciple bien-aimé tient d'une main l'Evangile qu'il a écrit et cache l'autre sous les plis de son manteau. Inscription : *S^s Joannes Evangelista.*

Ecusson semblable à celui du cinquième vitrail de la grande verrière du transept sud, avec l'indication : *In mem(oriam) patris mei.* En mémoire de mon père. Initiales de la donatrice, en chef de l'écusson : M. T. S. F. Marie Thomas, sa fille.

4e VITRAIL, à gauche du Sauveur.

Saint Etienne.

Le premier diacre est revêtu d'une dalmatique de drap d'or. Il tient d'une main la palme des martyrs, et de l'autre, trois cailloux, symbole de son supplice. Inscription : *S^s Stephanus.*

Ecusson portant en chef les initiales M. F. E. : Marie-François-Etienne. Don de M. et de Mme Raviot de Saint-Anthot, en souvenir de leur fils. En pointe, un lis, symbole de pureté.

5e VITRAIL, à droite du Sauveur.

Saint Pierre.

Le chef du collège apostolique tient d'une main les clefs, symbole de son autorité suprême, et de l'autre le livre des Evangiles. Inscription : *S^{us} Petrus apostolus.*

Ecusson portant les initiales entrelacées du donateur : M. Pierre Degrenand, et de la donatrice : Mme Degrenand, née Mairet.

5e VITRAIL, à gauche du Sauveur.

Saint Paul.

Le Docteur des gentils tient d'une main une épée et de l'autre un Evangile, ses attributs symboliques. Inscription : *S^{us} Paulus apostolus.*

Dans un écusson, le mot *Posuit*, et les initiales :
J. T. C. N. D. *Julius Thomas curatus Nostræ-
Dominæ*. Jules Thomas, curé de Notre-Dame, a fait
placer ce vitrail.

APPENDICE

CHAPELLE DE L'ASSOMPTION

1. En entrant dans la chapelle, par la place Notre-
Dame, on trouve, à droite, en face du célèbre groupe
de Dubois, un petit vitrail de la fin du seizième siècle.
Ce vitrail représente l'Assomption de la sainte Vierge.
Les apôtres sont placés autour de son tombeau vide.
Au bas, le donateur, un prêtre en long surplis et agenouillé ; devant lui, un écusson figurant une tête de
cerf d'or sur fond d'azur. Inscriptions : Au-dessus de
la Vierge triomphante : *Relinquo mundum et vado*.
Je laisse le monde et je m'en vais. A droite : *q(uæ)est
ista quæ asc(endit) q(ua)si aurora*. Quelle est
celle-ci qui s'élève comme l'aurore. A gauche : *Qui
se humiliat exaltabitur*. Celui qui s'humilie sera
élevé. Au-dessous : *Nubes excessit Olympus*, hémis-
tiche imité de *la Pharsale* de Lucain, liv. II, v. 271 :
Nubes excedit Olympus. Sens littéral : l'Olympe
s'élève au-dessus des nuages (*excedit*). Au sens

accommodatice, l'inscription signifie : la Vierge, nouvel Olympe, s'est élevée au-dessus des nuages (*excessit*).

Ce vitrail provient du transept sud de Notre-Dame, mais la bordure est moderne.

2. On voit, à gauche, du côté nord, trois vitraux du commencement du seizième siècle. Celui du milieu représente Jésus-Christ crucifié. A ses pieds se tiennent, d'un côté, la sainte Vierge, défaillante et appuyée sur les bras de saint Jean, la Madeleine, une sainte femme et Joseph d'Arimathie, tous nimbés ; de l'autre côté, les soldats romains avec leurs armes et leurs étendards et des prêtres juifs. Trois anges reçoivent dans des calices le sang qui coule des mains et du côté du Sauveur. Au-dessus, le soleil et la lune avec le titre de la croix et un fronton moderne. Au bas, l'inscription : *Passus, crucifixus est.* Il a souffert, il a été crucifié.

A droite du Sauveur, un second vitrail représente saint Denys, portant sa tête entre ses mains. Sa crosse épiscopale est devant lui.

Dans un panneau inférieur, le donateur, un prêtre, est agenouillé et revêtu d'un long surplis. On lit sur une banderole placée sous ses yeux : *O Sancte Dionysi, ora pro me.* Saint Denys, priez pour moi. Derrière le donateur, dans un coin du vitrail, un H minuscule.

A gauche du divin crucifié, dans un troisième vitrail, l'apôtre saint Pierre tient, d'une main, les clefs du royaume des cieux, et de l'autre, un livre ouvert.

Un panneau inférieur représente le donateur et la

donatrice agenouillés. Un ange porte en ses mains, derrière le donateur, une tête de bélier.

3. On aperçoit, à droite de la chapelle, du côté sud, un dernier vitrail de même style que les trois précédents. Il figure l'apparition de Notre-Seigneur à l'apôtre saint Thomas, après la résurrection. Les pieds et les mains de Jésus-Christ sont percés ; il tient l'étendard de la croix. Saint Thomas met son doigt dans le côté du Sauveur et dit : *Dominus meus et Deus meus.* Mon Seigneur et mon Dieu. C'est l'inscription de la banderole.

Dans un panneau inférieur, le donateur et la donatrice agenouillés, derrière le donateur, un H de grande dimension surmonté d'une croix.

Ces quatre vitraux proviennent de l'abside de Notre Dame.

En résumé, l'œuvre artistique de Notre-Dame de Dijon comporte actuellement soixante-neuf vitraux. Cinq d'entre eux, avons-nous dit, remontent au treizième siècle, ceux de la galerie du transept nord. Le seizième siècle peut en revendiquer six : le panneau de la chapelle des Fonts et les cinq verrières de la chapelle de l'Assomption que nous avons expliquées. Nous avons laissé de côté, dans cette chapelle, les deux verrières modernes qui encadrent le petit vitrail

de l'Assomption et la petite rosace qui le surmonte,
parce qu'elles sont d'une autre composition. Toutes
ces défalcations faites, il y a donc cinquante-huit
vitraux à l'actif de ces vingt-trois dernières années.

Pour compléter la décoration de l'église, il reste à
faire, en grisaille, les fenêtres de l'étage supérieur de la
grande nef et de la partie occidentale du transept,
avec celles de la façade et de la lanterne. De généreux
donateurs ont offert à Notre-Dame les splendides verrières que nous admirons aujourd'hui. Ils ont droit à la
reconnaissance publique. Ils trouveront dans la suite
des temps, c'est notre espoir, des imitateurs, qui s'ins-
pireront de leur munificence et sauront achever leur
œuvre.

LISTE DES VITRAUX

I. — NEFS LATÉRALES.

II. — TRANSEPT.

III. — CHŒUR.

CHAPELLE DE L'ASSOMPTION.

DIJON, IMP. JOBARD.